AF316424

LA DÉPUTATION BATAVE,

A la Société des Amis de la Liberté et de l'Egalité de Paris.

Le 24 Décembre 1792 ; l'an 1er. de la République Française.

CITOYENS,

Vous nous avez permis, dans votre avant-dernière séance, de nous asseoir fraternellement au milieu de vous ; vous avez bien voulu entendre le tableau rapide que nous vous avons fait de la situation des esprits dans la République

A

Batave. Nous vous .avons exposé ce que nos frères de la Hollande attendent d'une nation régénérée , qui a solemnellement promis , à tous les peuples , aide et secours pour la conquête de la liberté.

Après avoir reçu de vous ces marques de fraternité , nous avons vu la discussion s'engager sur le grand objet qui nous amenoit. Des membres respectables de cette société, dont les noms , chers à la patrie, sont aussi en vénération chez nous, ont occupé la tribune sur ce même objet. Le résultat commun de leurs opinions a été, « qu'avant que la France pût se » déterminer à une démarche révolutionnaire » en faveur des Bataves , elle devoit péser mû- » rement , et sérieusement, les inconvéniens » qu'une telle entreprise pouvoit présenter dans » les circonstances actuelles. » — En outre , ces membres ont élevé quelques objections , qui exigent de notre part des éclaircissemens. Nous allons vous les retracer en peu de mots, et nous y répondrons d'une manière concise. La matière est assez grave, et touche d'assez près l'intérêt direct de la Nation Française pour mériter quelques instans d'attention. Ces objections principales sont :

1°. Que les députés Bataves ne paroissent pas

munis de pouvoirs légaux de leurs commettans pour agir ou faire agir en leur nom.

2°. Que la situation intérieure de la France, les propres dangers qui l'occupent dans son sein et au dehors demandent la plus grande prudence dans le parti qu'elle doit prendre envers la Hollande.

3°. Pourquoi les patriotes Bataves, qui ont chez eux de l'argent et des moyens, ne font-ils pas leur révolution eux - mêmes? ou pourquoi n'offrent-ils pas cent millions à la Nation Française, pour lui donner les moyens de l'effectuer?

4°. La France ne risque-t-elle pas d'augmenter le nombre de ses ennemis, en provoquant l'Angleterre et d'autres puissances par l'attaque de la Hollande?

5°. Quels sont les garans que le peuple Batave est prêt ou veut même insurger?

6°. Enfin, quelques reproches sur la conduite des Hollandois envers la France. — Nous serons courts et simples dans nos réponses.

Le premier point est, *que les députés Ba-*

taves ne paroissent point munis de pouvoirs légaux. — Citoyens ! qu'est-ce qu'un pouvoir légal ? C'est un pouvoir donné par une magistrature constituée. Sont-ce de tels pouvoirs que vous exigez ? Eh ! comment pourrions-nous les avoir, si nos ennemis seuls , si ceux que nous voulons renverser , sont à même d'en donner de tels ! Seroit-ce une liste signée, une nomenclature d'individus ? Mais comment en prouverions-nous l'authenticité ? puisque sous le joug de fer , où nous sommes encore, aucun des moyens de la loi ne peut être employé dans un pareil cas. Quel est celui qui en Hollande oseroit signer de pareils pouvoirs , qui ne fût aussitôt connu , nommé , découvert , et puni comme traître à l'état , pour récompense de son patriotisme ? Citoyens , pésez cette réponse à la balance de l'équité. Nos pouvoirs sont les mêmes que ceux dont usèrent les premiers d'entre vous, qui se levèrent le 14 juillet 1789 , et qui marchèrent intrépidement à la tête du peuple. Nous n'avions pas cru qu'il fût besoin de signatures pour une mission, qui ne se borne pas à quelques agens diplomatiques, mais qui rappelle un peuple entier à la sainteté de ses promesses. Les droits de l'homme, le cri de la liberté , voilà nos pouvoirs naturels, irréfragables. Cependant, Citoyens , il nous importe de vous faire voir que nous sommes avoués par nos frères ; et nous pourrons vous présenter bientôt l'autorisation de nos concitoyens expatriés , qui nous envoyent vers vous ; il répondront de ce que nous venons annoncer en leur nom. Ce sont les seuls pouvoirs qui soient pour nous dans la classe des possibles.

Sur le second point, qui regarde *la situation intérieure de la France* et ses propres embarras, nous ne sommes compétens ni pour en discuter ni même pour en énoncer notre avis. En réclamant l'assistance des Français, nous sommes loin de prétendre forcer ou influencer leur conviction, encore moins pallier leurs dangers. Nous sommes persuadés, il est vrai, que le véritable intérêt de la France est d'enlever la Hollande à l'Angleterre et à la Prusse ; qu'elle risque beaucoup, qu'elle risque tout, en ne le faisant pas promptement ; mais c'est à la sagesse des représentans de la nation à balancer ses forces et ses moyens d'exécution, pour acquérir une alliée, qui mettroit à l'instant même la prépondérance maritime de son côté, si une forte mesure prévenoit à tems les desseins du ministère Anglois.

Troisièmement, *pourquoi les Bataves ne font-ils pas leur révolution eux-mêmes?* Pourquoi ! parce que toutes les bourgeoisies patriotiques de nos villes , tous les corps-francs de nos campagnes ont été désarmés par les Prussiens en 1787, après la trahison du gouvernement Français ; parce que leurs armes ont passé dans les mains de leurs ennemis ; parce que depuis quelques mois sur-tout, nos cités sont garnies de militaires soudoyés par nos tyrans ; parce que tout mouvement est surveillé, et que sans la certitude d'un secours efficace, personne n'ose et ne peut rémuer. Trompés si cruellement en 1787 par le ministère Français, voulez-vous que nos malheureux habitans aillent encore infructueusement livrer leurs têtes et leurs biens à la fureur du despote ? Ils ne se montrent même que trop à découvert ; et nos dernières nouvelles nous annoncent qu'une partie de la Gueldre et de l'Overyssel, par où l'on devroit entrer, est en grande fermentation. — Quant à l'argent, qu'on reproche aux patriotes Hollandois de ne pas offrir ; Est-ce que les caisses nationales sont en ce moment en leurs mains ? Faites un pas seulement en leur faveur, et bientôt des trésors précieux, une marine puissante seront à votre disposition ! Des particuliers peuvent bien offrir leur fortune, mais que sont ces secours particiels en raison de si grands besoins ? Vous en avez eu une preuve, Citoyens, dans la contribution patriotique, qui, même en France, où rien ne devoit la gêner, n'eût pas répondu à l'immense produit qu'on en attendoit, si on ne l'eût convertie en loi. Les Hollandois offrent à la France tous leurs moyens pécuniaires, dès que la liberté, rétablie dans leur pays, aura remis ces moyens entre leurs mains.

On objecte *le danger de provoquer la guerre Angloise, si l'on entre en Hollande.* Citoyens, de deux choses l'une ; ou la cour d'Angleterre peut faire la guerre, ou elle ne le peut pas ; si elle le peut, croyez qu'elle le veut, indépendamment de tout ce que vous ferez : croyez que sans autre prétexte, comme l'Autriche et la Prusse, elle ne différera que jusqu'au moment qui lui semblera le plus favorable, demain peut-être, si elle vous voit irrésolus, pusillanimes, embarrassés. Vous craignez de mettre le tort de votre côté en entrant chez son alliée ; mais ne craignez-vous pas encore davantage de leur laisser à toutes deux le tems de se combiner mutuellement contre vous pour le printems ? Eh ! n'aviez-vous donc pas de même à craindre la garantie Angloise pour la Belgique et pour le pays Liégeois ? Mais ce n'est pas à nous à discuter ces points délicats. Que la Convention Nationale compare dans sa sagesse les inconvéniens et les avantages des deux côtés ; que ceux de ses membres qui sont ici présens, daignent, en tems opportun, ramener son attention sur cet objet capital. Quant aux patriotes Bataves, leur opinion est uniforme. L'union de la marine Hollandoise à la vôtre vous assureroit une prépondérance décidée. Or, pouvez-vous y parvenir, si vous abandonnez la Hollande patriote à ses seules forces ? ou trouvez-vous qu'un tel avantage ne mérite pas la peine d'un examen réfléchi, et sur lequel n'influent pas les vûes étroites d'une tremblante politique ? Peuple Anglois, dont aujourd'hui l'on nous fait tant de peur, ne te calomnie - t - on pas peut - être, lorsqu'on prétend que, depuis quelques jours, tu as rabaissé ta tête sous le joug ministériel ?

Quels sont, demande - t - on, *les garans, que le peuple Batave est prêt à insurger ?* Citoyens, il n'en faut pas d'autre preuve que la crainte dont la cour stathoudérienne et ses adhérens ont donné récemment le spectacle à la Haye. Tout étoit prêt pour la fuite. Les régences, de leur côté, parloient déjà de capitulation avec les patriotes. Tant de terreurs étoient fondées sur les dispositions connues du peuple. Faut-il entrer dans de plus longs détails ? Non. Disons seulement que nos *Sans-Culottes*, et même nos soldats, sont, en partie, bien revenus de leur idolâtrie orangienne : depuis cinq ans ils ont vu que le bonheur n'est pas là. — Quant à nos aristocrates (car où n'en trouve-t-on pas ?), ils rougissent aujourd'hui de leur petit nombre, et eur influence n'est pas à craindre. Déjà les

bases d'une Constitution, fondée sur l'égalité ;
sont posées, sont écrites, sont sanctionnées dans
les diverses sociétés secrettes de nos villes ; et
des plans en ont été remis au Ministère et au
général Dumouriez.

Enfin, nous venons aux reproches qu'une
erreur funeste ne fait que trop souvent répéter
contre les Hollandois. Eh quoi ! sommes - nous
cause, nous patriotes, si tant de Français con-
fondent dans leur erreur les torts du parti qui
nous opprime, avec nos propres plaintes ? Nous
sommes des victimes ; nous venons réclamer
votre fraternité ; et l'on nous répond par le tableau scandaleux de la conduite des Orangistes,
des Anglo-Prussiens, ou des aristocrates connus.
Citoyens, ce ne sont pas là des Hollandois pour
nous. Mais vous, dignes Français de 1789 et de 1792,
croyez-vous que l'Europe ait oublié la conduite
des Français de 1787, ou plutôt de la cour de ce
temps, envers les Bataves ? Y a-t-il exemple d'un
peuple sur la terre plus honteusement trahi,
abandonné, livré à ses ennemis ? Quels funestes
souvenirs a laissé, depuis cette époque, dans
nos cœurs l'infamie du ministère de Versailles !
Une alliance solemnelle avoit été célébrée. Peuple
Français, quel en fut l'effet ? Pouvons - nous
passer sous silence cette foule d'infortunés,
qui n'avoient pris les armes qu'à l'instigation du

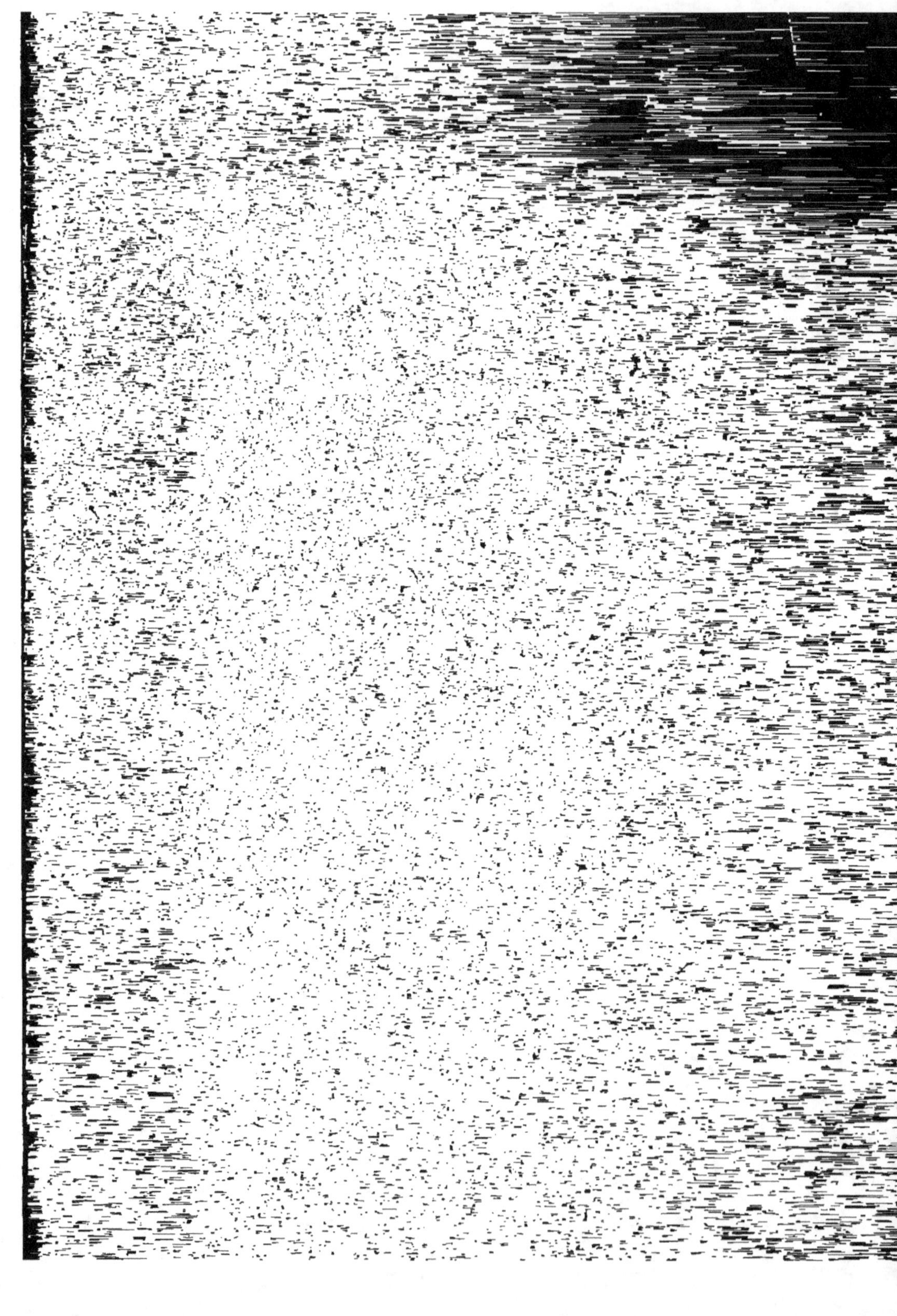